CHEMINS DE FER DE L'EST ET DU NORD.

TARIFS COMMUNS

POUR

LES TRANSPORTS A GRANDE ET A PETITE VITESSE

RÉPARTITION.

15 FÉVRIER 1864.

PARIS

IMPRIMERIE ADMINISTRATIVE ET DES CHEMINS DE FER DE PAUL DUPONT,
RUE DE GRENELLE SAINT-HONORÉ, 45, COUR DES FERMES. — 2587.

CHEMINS DE FER DE L'EST ET DU NORD.

TARIFS COMMUNS

POUR

LES TRANSPORTS A GRANDE ET A PETITE VITESSE.

RÉPARTITION.

15 FÉVRIER 1864.

Paris, imprimerie Paul Dupont, 45, rue de Grenelle-Saint-Honoré. — 2587.

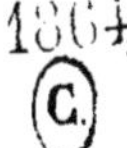

CHEMINS DE FER DE L'EST ET DU NORD.

TARIFS COMMUNS.

TABLE DES MATIÈRES.

1° GRANDE VITESSE.

CHEMINS DE FER DU NORD, DE L'EST ET DE PARIS A LYON ET A LA MÉDITERRANÉE.

2° PETITE VITESSE.

CHEMINS DE FER DE L'EST, DU NORD ET DE L'OUEST.

CHEMINS DE FER DE L'EST, DU NORD ET D'ORLÉANS.

CHEMINS DE FER DE PARIS A LYON ET A LA MÉDITERRANÉE, DE L'EST ET DU NORD.

CHEMINS DE FER DE L'EST ET DU NORD.

TRANSPORTS A GRANDE VITESSE.

RÉPARTITION DES PRIX
du Tarif Commun Spécial G. V. n° 1.

DÉSIGNATION DES MARCHANDISES :
Articles de Messagerie, Denrées, Lait, Marchandises à grande vitesse, Finances, Valeurs, Objets d'art et Chiens.

PRIX DE TRANSPORT
Y compris les frais de chargement et de déchargement.

DE LA GARE DE PARIS (Nord) AUX STATIONS CI-APRÈS et vice versâ.	Distances en kilomètres.	ARTICLES DE MESSAGERIE, DENRÉES, LAIT et Marchandises à grande vitesse. De 0 à 5 kil.	5 jusqu'à 5 kil.	jusqu'à 10	10 jusqu'à 20.	20 jusqu'à 30	30 jusqu'à 40	Au-dessus de 40 kil. par fraction indivisible de 10 kilog — PRIX par 1,000 k.	DENRÉES par expédition de 50 kil. au minimum — PRIX par 1,000 k. (1)	LAIT par expédition de 50 litres au minimum — PRIX par 1,000 k.	FINANCES, VALEURS et Objets d'art — PRIX par 1,000 f. indivisibles.	CHIENS. — PRIX par tête.
Part du Chemin du NORD.												
Sermoize-Ciry / Braisne / Fismes / Jonchery	105	» 20	» 25	» 55	1 05	1 60	2 10	42 80	50 20	29 40	» 25	1 75
De *ou* pour les autres points	105	» 15	» 25	» 55	1 05	1 60	2 10	42 80	50 20	29 40	» 25	1 75
Part des Chemins de l'EST.												
Sermoize-Ciry	11	» 05	» 05	» 05	» 10	» 15	» 20	5 20	5 90	5 10	» 05	» 20
Braisne	17	» 05	» 05	» 05	» 15	» 25	» 75	7 60	5 55	1 75	» 05	» 50
Fismes	29	» 05	« 10	» 10	» 50	» 40	« 60	12 40	8 90	» 10	» 10	» 50
Jonchery	59	» 05	» 10	» 15	» 40	» 55	» 80	16 40	11 70	10 90	» 10	» 65
Muizon	47	» 10	» 15	» 20	» 45	» 70	» 95	19 60	15 95	15 15	» 15	» 80
Reims	55	» 10	» 15	» 25	» 55	» 80	1 10	22 80	16 20	15 40	» 15	» 95
Loivre	66	» 10	» 20	» 50	» 65	» 95	1 30	27 20	19 30	18 50	» 20	1 10
Guignicourt	76	» 10	» 20	» 55	» 75	1 10	1 50	31 20	22 10	21 50	» 20	1 50

(1) Les prix pour le transport du lait ne comprennent pas les frais de chargement et de déchargement, ces opérations étant à faire par les soins et aux frais des expéditeurs et des destinataires

Part des Chemins de l'EST (Suite).

DE LA GARE DE PARIS (Nord) AUX STATIONS CI-APRÈS et vice versâ.	Distances en kilomètres.	De 0 à 3 kil.	Au-dessus de 3 jusqu'à 5 kil.	5 jusqu'à 10.	10 jusqu'à 20.	20 jusqu'à 30.	30 jusqu'à 40.	Au-dessus de 40 kil. par fraction indivisible de 10 kilog PRIX par 1,000 k.	DENRÉES par expédition de 50 kil. au minimum. PRIX par 1,000 k. (1)	LAIT par expédition de 50 litres au minimum. PRIX par 1,000 k.	FINANCES, VALEURS et Objets d'art PRIX par 1,000 f. indivisibles.	CHIENS. PRIX par tête.
Witry-lès-Reims	65	» 10	» 15	» 50	» 65	» 90	1 25	26 »	18 45	17 65	» 15	1 05
Bazancourt	72	» 10	» 20	» 55	» 70	1 05	1 45	29 60	20 95	20 15	» 20	1 20
Le Châtelet	85	» 15	» 20	» 40	» 85	1 20	1 65	34 »	24 05	23 25	» 20	1 40
Rethel	94	» 15	» 25	» 45	» 95	1 40	1 90	38 40	27 10	26 30	» 25	1 60
Amagne	102	» 15	» 25	» 50	1 »	1 50	2 05	41 60	29 35	28 55	» 25	1 75
Saulce-Monclin	111	» 15	» 30	» 55	1 10	1 65	2 20	45 20	31 90	31 10	» 30	1 90
Launois	119	» 20	» 30	» 55	1 20	1 75	2 40	48 40	34 10	33 30	» 30	2 »
Poix-Terron	127	» 20	» 35	» 60	1 25	1 90	2 55	51 60	36 35	35 55	» 35	2 15
Boulzicourt	134	» 20	» 35	» 65	1 35	2 »	2 70	54 40	38 50	37 30	» 35	2 25
Mohon	140	» 20	» 35	» 70	1 40	2 10	2 80	56 80	40 »	39 20	» 35	2 35
Mézières-Charleville	145	» 20	» 35	» 70	1 45	2 10	2 85	58 »	40 85	40 05	» 35	2 40
Nouzon	150	» 25	» 40	» 75	1 50	2 25	3 »	60 80	42 80	42 »	» 40	2 55
Braux	159	» 25	» 40	» 75	1 60	2 55	3 20	64 40	43 30	44 30	» 40	2 70
Monthermé	160	» 25	» 40	» 80	1 60	2 40	3 20	64 80	43 60	44 80	» 40	2 70
Deville	164	» 25	» 40	» 80	1 65	2 45	3 30	66 40	46 70	45 90	» 45	2 75
Revin	176	» 25	» 45	» 85	1 75	2 60	3 50	71 20	50 10	49 30	» 45	2 95
Fumay	185	» 30	» 45	» 90	1 85	2 70	3 65	74 »	52 05	51 25	» 50	3 10
Vireux	196	» 30	» 50	» 95	1 95	2 90	3 90	79 20	55 70	54 90	» 50	3 30
Givet	207	» 30	» 55	1 »	2 05	3 10	4 15	83 60	58 75	57 95	» 55	3 50
Nouvion-sur-Meuse	149	» 25	» 40	» 70	1 50	2 20	3 »	60 40	42 50	41 70	» 40	2 50
Donchery	155	» 25	» 40	» 75	1 55	2 50	3 10	62 80	44 20	43 40	» 40	2 60
Sedan	158	» 25	» 40	» 75	1 60	2 35	3 15	64 »	45 05	44 25	» 40	2 65
Bazeilles	165	» 25	» 45	» 80	1 65	2 45	3 30	66 80	47 »	46 20	» 45	2 80
Douzy	169	» 25	» 45	» 80	1 70	2 50	3 40	68 40	48 10	47 30	» 45	2 85
Pourru-Brévilly	172	» 25	» 45	» 85	1 70	2 55	3 45	69 60	48 95	48 15	» 45	2 90
Carignan	181	» 30	» 45	» 90	1 80	2 70	3 60	73 20	51 50	50 70	» 45	3 05
Margut	189	» 30	» 50	» 90	1 90	2 80	3 80	76 40	53 70	52 90	» 50	3 20
Lamouilly	195	» 30	» 50	» 95	1 95	2 90	3 90	78 80	55 40	54 60	» 50	3 30
Chauvency	202	» 30	» 50	1 »	2 »	3 »	4 05	81 60	57 35	56 35	» 50	3 40
Montmedy	208	» 30	» 55	1 »	2 10	3 10	4 15	84 »	59 05	58 25	» 55	3 50
Vezin	220	» 35	» 55	1 10	2 20	3 30	4 40	88 80	62 40	61 60	» 55	3 70
Longuyon	229	» 35	» 55	1 10	2 30	3 40	4 60	92 40	64 90	64 10	» 60	3 85
Cons-la-Granville	239	» 35	» 60	1 15	2 40	3 65	4 80	96 40	67 70	66 90	» 60	4 05
Longwy	245	» 40	» 65	1 20	2 45	3 65	4 90	98 80	69 40	68 60	» 65	4 15
Pierrepont	237	» 35	» 60	1 15	2 55	3 55	4 75	95 60	67 15	66 55	» 60	4 »
Joppécourt	246	» 40	» 65	1 20	2 45	3 65	4 90	99 20	69 70	68 90	» 65	4 15
Audun-le-Roman	255	» 40	» 65	1 25	2 55	3 75	5 05	102 »	71 65	70 85	» 65	4 25
Fontoy	262	» 40	» 65	1 30	2 60	3 90	5 25	105 60	74 15	73 35	» 65	4 40
Hayange	269	» 40	» 70	1 30	2 70	4 »	5 40	108 40	76 10	73 30	» 70	4 55

(1) Les prix pour le transport du lait ne comprennent pas les frais de chargement et de déchargement, ces opérations étant à faire par les soins et aux frais des expéditeurs et des destinataires.

CHEMINS DE FER DE L'EST ET DU NORD.

TRANSPORTS A GRANDE VITESSE

RÉPARTITION DES PRIX ET DES DÉLAIS
Du Tarif Commun Spécial G. V. n° 2.

DÉSIGNATION DES MARCHANDISES :
Marchandises en général.

PRIX DE TRANSPORT PAR 1,000 KILOGRAMMES DE GARE EN GARE,
Y compris les frais de chargement et de déchargement.

DE PARIS et *vice versâ* à	DISTANCES.	PRIX.	DÉLAIS en JOURS non compris le jour de la remise et celui de la livraison à domicile.
Part du Chemin du NORD.			
REIMS	105	28 10	12 hres.
RETHEL	105	27 90	12 id.
MÉZIÈRES-CHARLEVILLE	105	28 05	1 jour.
SEDAN	105	28 10	1 id.
Part des Chemins de l'EST.			
REIMS	55	15 10	12 hres.
RETHEL	94	25 10	12 id.
MÉZIÈRES-CHARLEVILLE	145	37 95	1 jour.
SEDAN	158	41 90	1 id.

CHEMINS DE FER DE L'EST ET DU NORD.

TRANSPORTS A GRANDE VITESSE.

RÉPARTITION DES PRIX

Du Tarif Commun Spécial G. V. n° 3

POUR LE

Transport des Étalons Impériaux, des Chevaux de course et de leurs Conducteurs,

entre la gare de PARIS (Nord)

ET CERTAINES STATIONS DÉSIGNÉES DES CHEMINS DE L'EST.

PRIX DE TRANSPORT.

STATIONS.	DISTANCES.	PRIX.
Part du Chemin du NORD.		
REIMS	105	11 75
MÉZIÈRES-CHARLEVILLE	105	11 75
SEDAN	105	11 75
CARIGNAN	105	11 75
MONTMÉDY	105	11 75
Part des Chemins de l'EST.		
REIMS	55	6 15
MÉZIÈRES-CHARLEVILLE	145	16 05
SEDAN	158	17 70
CARIGNAN	181	20 30
MONTMÉDY	208	23 30

CHEMINS DE FER DE L'EST ET DU NORD.

TRANSPORTS A GRANDE VITESSE.

RÉPARTITION DES PRIX

du Tarif Commun Spécial G. V. n° 4.

Chevaux, Mulets et Bestiaux.

PRIX DE TRANSPORT :

1° Chevaux et Mulets.

Entre la gare de Paris (La Chapelle) et les stations comprises entre Soissons et Givet, Soissons et Hayange inclus..................

Pour un wagon-écurie de 3 Chevaux ou Mulets au même propriétaire ... — 0 fr. 55 c. par kilomètre.

Pour une expédition de 6 Chevaux ou Mulets au même propriétaire... — 0 fr. 11 c. par écurie et par kilomètre.

Pour une expédition du 9 Chevaux ou Mulets et plus au même propriétaire............................. — 0 fr. 34 c. par écurie et par kilomètre.

2° Bestiaux.

Bœufs, Vaches, Taureaux, Veaux, Moutons, Brebis, Agneaux et Chèvres, par wagon complet et par kilomètre................. — 1 fr. 10 c.

Les frais accessoires de chargement et de déchargement, fixés ainsi qu'il suit, sont à partager par moitié entre les deux Compagnies :

Pour un wagon de 3 Chevaux ou Mulets... 3 fr.
Pour une expédition de 6 Chevaux ou Mulets... 6
Pour une expédition de 9 Chevaux ou Mulets... 9
Pour une expédition de Bestiaux.. 3

CHEMINS DE FER DE L'EST ET DU NORD.

TARNSPORTS A GRANDE VITESSE.

RÉPARTITION DES PRIX

du Tarif Commun Spécial G. V. n° 5.

DÉSIGNATION DES MARCHANDISES.

ANIMAUX, INSTRUMENTS ET PRODUITS

ENVOYÉS AUX CONCOURS AGRICOLES.

PRIX DE TRANSPORT :

1° Animaux.

Entre la gare de Paris (La Chapelle) et les stations comprises entre Soissons et Givet, Soissons et Hayange inclus........	Chevaux, Bœufs, Vaches, Taureaux, Anes, Mulets et autres Bêtes de trait........	» fr. 112	} par tête et par kilomètre.
	Veaux et Porcs.......................	» 0218	
	Moutons, Brebis, Agneaux et Chèvres...	» 0224	
	Bestiaux par wagon complet............	» 55	} par wagon et par kilomètre.

Les frais de chargement et de déchargement à percevoir en sus des prix ci dessus, et fixés comme suit, sont à partager par moitié entre les deux Compagnies.

Bœufs, Vaches, Taureaux, Anes, Mulets et autres Bêtes de Trait....	1 fr. » c.	} par tête.
Veaux et Porcs..	» 40	
Moutons, Brebis, Agneaux et Chèvres............................	» 20	

Les animaux dont il n'est pas pris livraisons à l'arrivée sont mis en fourrière aux frais, risques et périls de qui de droit. Les frais de fourrière sont acquittés sur justification de dépense s.

2° Instruments et Produits.

Prix des Tarifs ordinaires réduits de moitié.

CHEMINS DE FER

DU NORD, DE L'EST ET DE PARIS A LYON ET A LA MÉDITERRANÉE.

TRANSPORTS A GRANDE VITESSE.

RÉPARTITION DES PRIX

du Tarif Commun G. V. n° 6

POUR LE TRANSPORT, EN VOITURES DE 3ᵉ CLASSE,

DES COLONS ET LEURS FAMILLES SE RENDANT EN ALGÉRIE,

MUNIS D'UN TITRE DE PROPRIÉTÉ.

DES STATIONS CI-APRÈS A MARSEILLE.	DISTANCES.	3ᵉ CLASSE.		EXCÉDANTS DE BAGAGES par 1,000 kil., frais de manutention compris.
		ADULTES.	ENFANTS DE 3 A 7 ANS.	
Part du Chemin de fer du NORD.				
ERQUELINES...............................	158	4 25	2 15	56 80
QUIÉVRAIN	163	5 »	2 50	66 80
MOUSCRON..................................	193	5 95	2 95	78 80
Part des Chemins de l'EST.				
LAON A GRAY..............................	331	10 20	5 10	135 »
Part des Chemins de PARIS-LYON-MÉDITERRANÉE.				
GRAY à MARSEILLE	611	18 25	9 10	258 40

CHEMINS DE FER DE L'EST ET DU NORD.

TRANSPORTS A PETITE VITESSE.

TARIF COMMUN GÉNÉRAL P. V. N° 1

Pour le Transport des Marchandises en général

Entre la gare de PARIS (La Chapelle), REIMS, viâ SOISSONS.

RÉPARTITION DES PRIX.

DE LA GARE DE **PARIS (La Chapelle)** A LA GARE DE **REIMS** *et vice versâ.*	DISTANCES en KILOMÈTRES.	PRIX PAR 1,000 KILOG., DE GARE EN GARE, Y compris les frais de chargement, de déchargement et de gare, tant au départ et à l'arrivée qu'au point de jonction.					DÉLAIS EN JOURS, non compris le jour de la remise et celui de la livraison
		1re SÉRIE.	2e SÉRIE.	3e SÉRIE.	4e SÉRIE.	5e SÉRIE.	
		fr. c.	fr. c.	fr. c.	fr. c.	fr. c.	
Part du Chemin du NORD.							
DE LA CHAPELLE A SOISSONS *et vice versâ.*	105	17 25	15 15	11 05	9 »	5 90	2
Part des Chemins de l'EST.							
DE SOISSONS A REIMS *et vice versâ.*	55	9 55	8 15	6 25	5 15	3 30	1

CHEMINS DE FER DE L'EST ET DU NORD.

TRANSPORTS A PETITE VITESSE.

RÉPARTITION DES PRIX

Du Tarif Commun Spécial P. V. n° 2.

Chevaux, Mulets et Bestiaux (Moutons exceptés).

Moutons par wagon complet ou en payant pour un wagon complet, s'il y a avantage pour l'Expéditeur. Et moutons excédant d'au moins un wagon.

PRIX DE TRANSPORT.

DE LA GARE DE **PARIS (La Chapelle)** A LA GARE DE **REIMS** *et vice versa.*	PART DU CHEMIN DU NORD.		PART DES CHEMINS DE L'EST.	
	DISTANCES.	PRIX.	DISTANCES.	PRIX.
Par wagon de **Chevaux, Mulets et Bestiaux** (Moutons exceptés)	105	54 50	55	27 50
Par wagon de **Moutons**	105	28 85	55	15 40
Par tête pour les **Moutons** excédant d'au moins un wagon	105	2 05	55	1 10

CHEMINS DE FER DE L'EST ET DU NORD.

TRANSPORTS A PETITE VITESSE.

RÉPARTITION DES PRIX
Du Tarif Commun P. V. n° 3
POUR LE
TRANSPORT DES BESTIAUX PAR WAGON COMPLET
(Chevaux et moutons exceptés).

PRIX PAR WAGON COMPLET, DE GARE EN GARE.

PARCOURS.	DISTANCES.	PRIX par wagon DE GARE EN GARE.	
Part des Chemins de l'EST.			
LANGRES............ (*viâ Epernay*)............	281	84	30
GRAY.................... d°....................	557	101	»
VEREUX.................. d°....................	547	104	»
AUTET.................. d°....................	555	106	»
VELLEXON............... d°....................	564	109	»
NOIDANS-LE-FERROUX....... d°....................	575	112	50
MONT-LE-VERNOIS......... d°....................	567	110	»
VAIVRE................. d°....................	561	108	50
JUSSEY................. d°....................	551	99	50
VESOUL................. d°....................	565	110	»
LURE.................. d°....................	596	119	»
Part du Chemin du NORD.			
LE CATEAU....................	87	35	»
LANDRECIES..................	99	35	»
CAMBRAI....................	105	36	40
ARRAS....................	167	50	05
DOUAI....................	111	50	05
VALENCIENNES....................	149	52	50
LILLE....................	177	61	95
SAINT-OMER....................	239	78	40

CHEMINS DE FER DE L'EST ET DU NORD.

TRANSPORTS A PETITE VITESSE.

RÉPARTITION DES PRIX

du Tarif Commun d'Exportation P. V. nº 4

POUR LE TRANSPORT

DES POMMES DE TERRE

Par wagon chargé d'au moins 10,000 kilogrammes ou en payant pour ce poids, s'il y a avantage pour l'Expéditeur.

Prix par 1,000 kilogrammes, de gare en gare,

Y compris les frais de gare, tant au départ et à l'arrivée qu'au point de jonction.

STATIONS.	DISTANCES.	PRIX.	STATIONS.	DISTANCES.	PRIX.
Part des Chemins de l'EST.					
Strasbourg	456	17 85	Novéant	341	12 85
Lunéville	519	15 15	Metz	305	12 50
Épinal	560	14 80	Remilly	322	13 50
Châtel-Nomexy	543	14 20	Herny	329	13 88
Charmes	555	13 80	Liverdun	271	11 25
Bayon	524	13 55	Fontenoy-sur-Moselle	262	10 90
Varangeville-Saint-Nicolas	299	12 55	Toul	255	10 50
Nancy	287	11 90	Vaucouleurs-Pagny	242	10 10
Frouard	278	11 50	Sorcy	256	9 85
Dieulouard	289	11 95	Commercy	228	9 50
Pont-à-Mousson	296	12 25	Vesoul	550	14 75
Pagny-sur-Moselle	306	12 65	Lure	589	15 95
Part du Chemin du NORD.					
De LAON à			Dunkerque	259	
			Calais	280	10 75
			Boulogne	311	
			Saint-Valery	282	

CHEMINS DE FER DE L'EST ET DU NORD.

TRANSPORTS A PETITE VITESSE.

RÉPARTITION DES PRIX

Du Tarif Commun Spécial P. V. n° 5.

DÉSIGNATION DES MARCHANDISES :

Amidon. — Brai. — Colophane. — Eaux minérales. — Fécules indigènes. — Galipot. — Garance. — Garancine. — Glucose de fécule. — Gomme. — Orseille. — Mélasse. — Résine. — Sirop de fécule et Suif brut, quel que soit le poids de l'expédition.

Acides minéraux par wagon chargé d'au moins 4,000 kilogrammes ou en payant pour ce poids, s'il y a avantage pour l'expéditeur

PRIX DE TRANSPORT PAR 1,000 KILOG., DE GARE EN GARE,

Y compris les frais de chargement, de déchargement et de gare, tant au départ et à l'arrivée qu'aux points de jonction.

PARCOURS.	DISTANCES.	PRIX.
Part du Chemin du NORD.		
DE PARIS (La Chapelle) à SOISSONS............................	105	4 85
Part des Chemins de l'EST.		
DE SOISSONS A REIMS...................................	55	3 »

CHEMINS DE FER DE L'EST ET DU NORD.

TRANSPORTS A PETITE VITESSE.

RÉPARTITION DES PRIX

du Tarif Commun Spécial P. V. n° 6

POUR LE TRANSPORT

DU SEL GEMME

Par wagon chargé d'au moins 5,000 kilogrammes ou en payant pour ce poids, s'il y a avantage pour l'Expéditeur.

Prix par 1,000 kilogrammes, de gare en gare,

Y compris les frais de chargement, de déchargement et de gare, tant au départ et à l'arrivée qu'au point de jonction.

STATIONS.	DISTANCES.	PRIX.	STATIONS.	DISTANCES.	PRIX.
1° TRANSPORTS PAR LAON.					
Part des Chemins de l'EST.					
Saint-Avold	350	11 20	Lunéville	325	10 45
Cocheren	364	11 60	Emberménil	341	10 95
Varangeville-Saint-Nicolas	303	9 85	Avricourt	350	11 20
Rosières-aux-Salines	310	10 »	Sarrebourg	371	11 85
Part du Chemin du NORD.					
Tergnier	29	1 55	Abbeville	252	7 65
Saint-Quentin	51	2 25	Montreuil	275	8 90
Caudry	88	3 55	Boulogne	311	10 05
Cambrai	103	3 80	Albert	203	6 80
Bouchain	118	4 25	Achiet	181	6 20
Lourches	121	4 35	Arras	167	5 70
Le Cateau	87	3 30	Lens	169	5 75
Landrecies	99	3 65	Béthune	188	6 35
Aulnoye	111	4 10	Douai	144	5 »
Maubeuge	126	4 50	Raismes	144	5 »
Erquelines	138	4 85	Valenciennes	149	5 15
Chauny	35	1 75	Quiévrain	163	5 60
Noyon	51	2 25	Lille	177	6 »
Compiègne	75	2 95	Roubaix	185	6 25
Pont-Sainte-Maxence	96	3 60	Tourcoing	188	6 35
Creil	108	3 95	Mouscron	193	6 50
Hermes	131	4 65	Armentières	192	6 45
Beauvais	145	5 05	Bailleul	204	6 80
Clermont	125	4 40	Hazebrouck	218	7 25
Saint-Just	137	4 80	Dunkerque	239	8 45
Breteuil	155	5 30	Saint-Omer	239	7 85
Amiens	188	6 35	Calais	280	9 10

STATIONS.	DISTANCES.	PRIX.	STATIONS.	DISTANCES.	PRIX.

2° TRANSPORTS PAR SOISSONS.

Part des Chemins de l'EST.

STATIONS.	DISTANCES.	PRIX.	STATIONS.	DISTANCES.	PRIX.
Saint-Avold	356	11 40	Lunéville	328	10 55
Cocheren	369	11 75	Embermenil	344	11 »
Varangeville-Saint-Nicolas	308	9 95	Avricourt	382	11 25
Rosières-aux-Salines	313	10 10	Sarrebourg	374	11 90

Part du Chemin du NORD.

STATIONS.	DISTANCES.	PRIX.	STATIONS.	DISTANCES.	PRIX.
Villers-Cotterets	27	1 50	Dammartin–Juilly	71	2 85
Crépy-en-Valois	44	2 »			

CHEMINS DE FER DE L'EST ET DU NORD.

TRANSPORTS A PETITE VITESSE.

RÉPARTITION DES PRIX
du Tarif Commun Spécial n° 7,

POUR LE TRANSPORT

DES SUCRES BRUTS, SUCRES CANDIS, SUCRES RAFFINÉS ET VERGEOISES,

1° En cadres, cages, caisses, harasses ou fûts, quel que soit le poids de l'expédition;
2° En vrac, par wagon chargé d'au moins 4,000 kilog., ou payant pour ce poids s'il y a avantage pour l'expéditeur.

PRIX PAR 1,000 KILOGRAMMES, DE GARE EN GARE,
Y compris les frais de gare, tant au départ et à l'arrivée qu'aux points de jonction.

NOTA. — Pour les Sucres emballés, les prix comprennent également les frais de chargement et de déchargement.

DES STATIONS CI-CONTRE AUX STATIONS CI-APRÈS et vice versâ.	SAINT-QUENTIN.		CAMBRAI.		ARRAS.		DOUAI.		LILLE.		VALENCIENNES.	
	DIST.	PRIX.	DIST.	PRIX.	DIST.	PRIX.	DIST.	PRIX.	DIST.	PRIX.	DIST.	PRIX.
Part du Chemin du NORD.												
Reims	51	6 05	104	11 35	167	15 25	144	12 »	177	15 25	149	12 »
Soissons	51	6 05	104	11 35	167	15 25	144	12 »	177	15 25	149	12 »
Réthel	51	6 05	104	11 35	167	13 65	144	12 »	177	13 65	149	12 »
Mézières-Charleville Givet Sedan Carignan Montmédy Longuyon Thionville	51	6 05	104	9 75	167	11 50	144	11 50	177	14 15	149	12 »
Épernay Châlons-sur-Marne Vitry-le-Français Saint-Dizier Bar-le-Duc Nançois-le-Petit Commercy Toul Uckange	51	6 05	104	11 35	167	15 25	144	12 »	177	15 25	149	12 »
Metz Saint-Avold Forbach	51	6 05	104	9 75	167	11 50	144	11 50	177	14 15	149	12 »
Nancy	51	6 05	104	11 35	167	15 25	144	12 »	177	15 25	149	12 »
Pour tous les autres points	51	6 05	104	11 35	167	15 25	144	15 25	177	18 65	149	15 85

DES STATIONS CI-CONTRE AUX STATIONS CI-APRÈS *et vice versâ.*	SAINT-QUENTIN		CAMBRAI.		ARRAS.		DOUAI.		LILLE.		VALENCIENNES.	
	DIST.	PRIX.	DIST.	PRIX.	DIST.	PRIX.	DIST.	PRIX.	DIST.	PRIX.	DIST.	PRIX.
Part des Chemins de l'EST.												
Reims	53	6 15	53	5 75	53	6 15	53	5 10	53	6 15	53	5 10
Soissons	107	11 65	107	10 15	107	11 65	107	9 50	107	11 65	107	9 50
Réthel	89	10 15	89	8 95	89	9 05	89	8 30	89	9 05	89	8 30
Mézières-Charleville	138	14 95	138	12 95	138	11 20	138	11 20	138	11 20	138	11 20
Givet	201	17 25	201	15 45	201	13 20	201	13 20	201	13 20	201	13 20
Sedan	153	16 45	153	14 15	153	12 40	153	12 40	153	12 40	153	12 40
Carignan	176	18 75	176	16 »	176	14 25	176	14 25	176	14 25	176	14 25
Montmédy	202	20 95	202	18 15	202	16 40	202	16 40	202	16 40	202	16 40
Longuyon	223	21 30	223	19 85	223	18 10	223	18 10	223	18 10	223	18 10
Thionville	272	22 85	272	22 40	272	21 75	272	20 65	272	20 65	272	20 15
Épernay	83	9 25	83	8 25	83	9 25	83	7 60	83	9 25	83	7 60
Châlons-sur-Marne	106	12 15	106	10 55	106	12 15	106	9 90	106	12 15	106	9 90
Vitry-le-Français	139	15 45	139	13 20	139	15 45	139	12 55	139	15 45	139	12 55
Saint-Dizier	168	18 35	168	18 »	168	18 35	168	17 35	168	18 35	168	17 35
Joinville	198	20 95	198	20 95	198	20 95	198	18 90	198	18 90	198	18 30
Donjeux	207	20 95	207	20 95	207	20 95	207	20 50	207	20 50	207	19 90
Bologne	227	21 90	227	21 90	227	21 90	227	21 90	227	21 90	227	21 90
Chaumont	240	23 10	240	23 10	240	23 10	240	23 10	240	23 10	240	23 10
Bar-le-Duc	187	20 35	187	17 10	187	20 35	187	16 45	187	20 35	187	16 45
Nançois-le-Petit	199	20 95	199	18 »	199	20 95	199	17 35	199	20 95	199	17 35
Commercy	228	22 »	228	20 30	228	22 »	228	19 65	228	22 »	228	19 65
Toul	253	24 25	253	22 30	253	24 25	253	21 65	253	24 25	253	21 65
Uckange	275	23 35	275	24 50	275	22 25	275	22 25	275	22 25	275	22 25
Metz	303	25 60	303	25 60	303	24 35	303	24 35	303	24 35	303	24 35
Saint-Avold	350	29 35	350	29 35	350	27 95	350	27 95	350	27 95	350	27 95
Forbach	370	30 85	370	30 85	370	29 35	370	29 35	370	29 35	370	29 35
Nancy	287	26 95	287	25 05	287	26 95	287	24 40	287	27 30	287	24 40
Charmes	335	28 25	335	28 25	335	28 25	335	28 25	335	28 25	335	28 25
Épinal	360	30 25	360	30 25	360	30 25	360	30 25	360	30 25	360	30 25
Lunéville	319	26 95	319	26 95	319	26 95	319	26 95	319	26 95	319	26 95
Sarrebourg	365	30 65	365	30 65	365	30 65	365	30 65	365	30 65	365	30 65
Saverne	392	32 80	392	32 80	392	32 80	392	32 80	392	32 80	392	32 80
Haguenau	448	37 25	448	37 25	448	37 25	448	37 25	448	37 25	448	37 25
Wissembourg	481	39 90	481	39 90	481	39 90	481	39 90	481	39 90	481	39 90
Strasbourg	436	36 30	436	36 30	436	36 30	436	36 30	436	36 30	436	36 30
Schlestadt	478	39 65	478	39 65	478	39 65	478	39 65	478	39 65	478	39 65
Colmar	501	41 50	501	41 50	501	41 50	501	41 50	501	41 50	501	41 50
Rouffach	497	41 20	497	41 20	497	41 20	497	41 20	497	41 20	497	41 20
Bollwiller	485	40 25	485	40 25	485	40 25	485	40 25	485	40 25	485	40 25
Cernay	483	40 05	483	40 05	483	40 05	483	40 05	483	40 05	483	40 05
Thann	488	40 45	488	40 45	488	40 45	488	40 45	488	40 45	488	40 45
Wesserling	501	41 50	501	41 50	501	41 50	501	41 50	501	41 50	501	41 50
Mulhouse	469	39 05	469	39 05	469	39 05	469	39 05	469	39 05	469	39 05
Bâle	502	41 60	502	41 60	502	41 60	502	41 60	502	41 60	502	41 60
Bar-sur-Aube	277	26 40	277	26 40	277	26 40	277	26 40	277	26 40	277	26 40
Jessains	287	27 30	287	27 30	287	27 30	287	27 30	287	27 30	287	27 30
Vendeuvre	298	27 95	298	27 95	298	27 95	298	27 95	298	27 95	298	27 95
Langres	275	26 20	275	26 20	275	26 20	275	26 20	275	26 20	275	26 20
Gray	331	27 90	331	27 90	331	26 20	331	26 20	331	26 20	331	26 20
Jussey	325	27 45	325	27 45	325	27 45	325	27 45	325	27 45	325	27 45
Vesoul	359	30 25	359	30 25	359	30 25	359	30 25	359	30 25	359	30 25
Lure	389	32 65	389	32 65	389	32 65	389	32 65	389	32 65	389	32 65
Belfort	421	35 10	421	35 10	421	35 10	421	35 10	421	35 10	421	35 10
Altkirch	453	37 65	453	37 65	453	37 65	453	37 65	453	37 65	453	37 65

Paris (La Chapelle) pour Reims		
Nord	103	7 85
Est	55	4 65

CHEMINS DE FER DE L'EST ET DU NORD.

TRANSPORTS A PETITE VITESSE.

RÉPARTITION DES PRIX

Du Tarif Commun P. V. n° 8

VIA PARIS ET LAON

POUR LE TRANSPORT

Des agglomérés de HOUILLE, CHARBON DE TERRE, de LA HOUILLE, du COKE et du COKE de Boghead,

Par wagon chargé d'au moins 10,000 kilogrammes, ou en payant pour ce poids s'il y a avantage pour l'expéditeur.

1° TRANSPORTS PAR PARIS.

PRIX PAR 1,000 KILOGRAMMES,

De gare en gare, y compris les frais de gare tant au départ et à l'arrivée qu'aux points de jonction.

STATIONS.	DISTANCES	PRIX.	STATIONS.	DISTANCES	PRIX.

Part du Chemin du NORD.

STATIONS.	DISTANCES	PRIX.	STATIONS.	DISTANCES	PRIX.
Saint-Valery	193		Nœux	224	
Douai	216		Béthune	229	
Pont-de-la-Deûle	219		Chocques	235	
Hénin-Liétard	219		Erquelines	239	
Lens	210		Valenciennes	249	
Bully-Grenay	218	7 80	Raismes	245	7 80
Quévy	255		Lillers	242	
Somain	228		Boulogne	252	
Lourches	222		Quiévrain	262	
Le Forest	223		Calais	325	
Carvin	230		Dunkerque	304	

Part du Chemin de CEINTURE	5	» 24

Part des Chemins de l'EST.

STATIONS.	DISTANCES	PRIX.	STATIONS.	DISTANCES	PRIX.
Gagny	13	1 26	Longueville	87	5 21
Chelles	18	1 66	Provins	94	5 21
Lagny-Thorigny	27	2 39	Les Ormes	98	5 21
Esbly	35	3 01	Vimpelles	102	5 31
Meaux	43	3 66	Châtenay	109	5 66
Trilport	49	4 11	Hermé	98	5 21
La Ferté-sous-Jouarre	64	5 06	Melz	101	5 41
Nanteuil-Saâcy	73	5 21	Nogent-sur-Seine	110	5 71
Nogent-l'Artaud	85	5 21	Pont-sur-Seine	118	6 11
Nogent-sur-Marne	15	1 41	Romilly	128	6 61
Emérainville-Pontault	26	2 31	Mesgrigny	140	7 21
Ozouer-la-Ferrière	32	2 76	Saint-Mesmin	146	7 51
Gretz-Armainvilliers	38	3 26	Payns	154	7 91
Tournan	40	3 41	Barberey	160	8 21
Mortcerf	55	4 36	Troyes	165	8 46
Coulommiers	71	5 21	Bar-sur-Seine	198	9 76
Ozouer-le-Voulgis	48	4 06	Rouilly-Saint-Loup	174	8 91
Verneuil-Chaumes	52	4 36	Lusigny	181	9 26
Mormant	58	4 51	Montiéramey	188	9 61
Nangis	69	4 51	Vendeuvre	198	9 76
Maison-Rouge	79	5 21	Jessains	209	10 16
			Bar-sur-Aube	220	10 36

2° TRANSPORTS PAR LAON.

PRIX PAR 1,000 KILOGRAMMES,

De gare en gare, y compris les frais de gare tant au départ et à l'arrivée qu'au point de jonction.

Part du Chemin du NORD.

STATIONS.	DIST.	PRIX.	STATIONS.	DIST.	PRIX.	STATIONS.	DIST.	PRIX.
Quévy	152		Quiévrain	163		Chocques	194	
Lourches	123		Carvin	158		Lillers	201	6 40
Somain	129	4 30	Hénin-Liétard	160	5 60			
Erquelines	138		Lens	169		Saint-Valéry	252	
Raismes	144		Bully	177				
Douai	144					Boulogne	311	7 80
Valenciennes	150	5 »	Nœux	185	6 10	Dunkerque	281	
Pont-de-la-Deûle	147		Béthune	188		Calais	259	
Le Forest	151							

Part des Chemins de l'EST.

STATIONS.	DIST.	PRIX.	STATIONS.	DIST.	PRIX.	STATIONS.	DIST.	PRIX.
Coucy-les-Eppes	12	1 »	Donzy	163	5 80	Vitry-le-François	130	5 75
Saint-Erme	19	1 45	Pourru-Brévilly	167	5 90	Blesme-Haussignemont	151	6 25
Guignicourt	31		Carignan	176	6 25	Saint-Dizier	168	6 90
Loivre	41	2 30	Margut	184	6 50	Eurville	179	7 35
Reims	53		Lamouilly	190	6 75	Chevillon	187	7 70
Muizon	61		Chauvency	197	6 95	Joinville	198	8 10
Jonchery	69	3 15	Montmédy	202	7 20	Donjeux	207	8 50
Fismes	79		Vezin	214	7 60	Vignory	219	8 95
Braisne	91		Longuyon	225	7 90	Bologne	227	9 50
Sermoise-Ciry	97	3 75	Cons-la-Granville	234	7 90	Chaumont	240	9 80
Soissons	107		Longwy	239	7 90	Bricon	248	10 40
Witry-lès-Reims	58		Pierrepont	252	8 25	Maranville	258	10 50
Bazancourt	67	3 20	Joppécourt	241	8 50	Clairvaux	264	10 75
Le Châtelet	77		Audun-le-Roman	248	8 80	Bar-sur-Aube	277	11 50
Réthel	89		Fontoy	256	9 05	Jessains	287	11 70
Amagne	97		Hayange	264	9 35	Vendeuvre	298	12 10
Sautces-Moncelin	105	4 10	Thionville	272	9 60	Foulain	252	10 30
Lannois	114		Rilly-la-Montagne	64	2 75	Rolampont	265	10 80
Poix-Terron	121		Avenay	76	3 25	Langres	275	11 20
Boutzicourt	129		Aï	80	3 40	Chalindrey	286	11 65
Mohon	133	4 90	Épernay	85	3 50	Maâtz	299	12 15
Mézières-Charleville	138		Damery-Boursault	90	3 80	Champlitte	312	12 70
Nouzon	145		Châtillon-Port-à-Binson	98	4 10	Oyrières	321	13 05
Braux	153		Dormans	108	4 30	Gray	331	13 45
Monthermé	155	5 65	Varennes	118	4 90	Hortes	205	12 »
Deville	159		Château-Thierry	130	5 10	Charmoy-Fayl-Billot	302	12 30
Revin	171	6 05	Nogent-l'Artaud	141	5 85	La Ferté-Bourbonne	306	12 45
Fumay	178	6 55	Nanteuil-Saâcy	151	6 25	Vitrey	314	12 75
Vireux	191	6 80	La Ferté-sous-Jouarre	159	6 55	Jussey	325	13 20
Givet	201	7 15	Oiry-Avize	88	3 70	Montbureux	332	13 50
Nouvion-sur-Meuse	133	5 10	Mourmelon-le-Petit	80	3 40	Faverney	344	13 90
Donchery	149		Châlons-sur-Marne	106	4 15	Conflans	355	14 35
Sedan	153	5 40	Vitry-la-Ville	122	5 10	Saint-Loup-Luxeuil	364	14 70
Bazeilles	160	5 65	Loisy	135	5 30	Ailleviller-Plombières	369	14 90

STATIONS.	DIST.	PRIX.	STATIONS.	DIST.	PRIX.	STATIONS.	DIST.	PRIX.

Part des Chemins de l'EST (Suite).

STATIONS.	DIST.	PRIX.	STATIONS.	DIST.	PRIX.	STATIONS.	DIST.	PRIX.
Bains	383	13 50	Sorcy	236	9 65	Avricourt	344	13 75
Xertigny	379	13 35	Vaucouleurs-Pagny	242	9 90	Réchicourt-le-Château	347	14 »
Douxnoux	371	13 »	Foug	247	10 10	Héming	357	14 30
Port-d'Atelier	339	13 75	Toul	253	10 30	Sarrebourg	363	14 60
Port-sur-Saône	348	14 10	Fontenoy-sur-Moselle	262	10 70	Lutzelbourg-Phalsbourg	382	15 40
Vesoul	359	14 55	Liverdun	271	11 05	Saverne	392	15 70
Colombier	367	14 90	Frouard	278	11 30	Steinbourg	396	15 95
Creveney	373	15 10	Marbache	285	11 50	Dettwiller	400	16 10
Genevreuille	381	15 45	Dieulouard	289	11 75	Hochfelden	408	16 35
Lure	389	15 75	Pont-à-Mousson	296	12 05	Brumath	419	16 75
Ronchamp	400	16 20	Pagny-sur-Moselle	306	12 45	Strasbourg	436	17 40
Champagney	406	16 45	Novéant	311	12 65	Erstein	455	18 30
Bas-Evette	414	16 75	Ars-sur-Moselle	305	12 40	Benfeld	462	18 45
Belfort	421	17 05	Metz	303	12 30	Ebersheim	472	19 »
Chèvremont	427	17 30	Devant-les-Ponts	295	12 »	Schlestadt	478	19 15
Montreux-Vieux	435	17 60	Maizières	286	11 65	Saint-Hippolyte	484	19 35
Dannemarie	443	17 90	Hagondange	281	11 45	Ribeauvillé	488	19 35
Attkirch	453	18 30	Uckange	275	11 20	Bennwihr-Mittelwihr	494	19 85
Ilfurth	460	18 60	Nancy	287	11 70	Colmar	501	20 »
Mulhouse	469	18 95	Varangeville-St-Nicolas	293	12 05	Herrlisheim	503	19 90
Pargny	159	6 55	Rosières-aux-Salines	304	12 25	Rouffach	497	19 90
Sermaize	165	6 80	Einvaux	317	12 80	Bollwiller	485	19 50
Révigny	172	7 10	Bayon	324	13 10	Lutterbach	473	19 10
Mussey	179	7 35	Charmes	335	13 50	Cernay	483	19 50
Bar-le-Duc	187	7 70	Châtel-Nomexy	348	14 »	Thann	488	19 70
Longeville	192	7 90	Epinal	360	14 60	Wesserling	501	20 25
Nançois-le-Petit	199	8 15	Blainville-la-Grande	309	12 45	Dornach	471	19 05
Loxéville	210	8 60	Lunéville	319	12 85	Sierentz	486	19 55
Lérouville	225	9 10	Marainvillers	327	13 20	Bartenheim	489	19 65
Commercy	228	9 50	Emberménil	335	13 45	Saint-Louis	497	20 05
						Bâle	502	20 20

RÉPARTITION DES PRIX

pour les stations situées entre SOISSONS et CRÉPY-EN-VALOIS inclusivement.

STATIONS DE DÉPART.	STATIONS DE DESTINATION.				
	BERZY.	LONGPONT.	VILLERS-COTTERETS.	VAUMOISE.	CRÉPY-EN-VALOIS.

Part du Chemin du NORD.

STATIONS DE DÉPART.	BERZY.	LONGPONT.	VILLERS-COTTERETS.	VAUMOISE.	CRÉPY-EN-VALOIS.
QUÉVY					
ERQUELINES	4 50	4 85	5 25	5 60	5 85
LOURCHES					
SOMAIN					
RAISMES					
VALENCIENNES	5 20	5 55	5 95	6 30	6 55
QUIÉVRAIN	5 80	6 15	6 55	6 90	7 15

Part des Chemins de l'EST.

STATIONS DE DÉPART.	BERZY.	LONGPONT.	VILLERS-COTTERETS.	VAUMOISE.	CRÉPY-EN-VALOIS.
DE TOUTES LES STATIONS	3 75	3 75	3 75	3 75	3 75

CHEMINS DE FER DE L'EST ET DU NORD.

RÉPARTITION DES PRIX

du Tarif Commun Spécial P. V. n° 9

POUR LE TRANSPORT

DES PERCHES DESTINÉES AUX HOUILLÈRES,

Par wagon chargé d'au moins 5,000 kilogrammes, ou en payant pour ce poids

s'il y a avantage pour l'Expéditeur.

PRIX DE TRANSPORT.

Les Perches destinées aux houillères, expédiées des diverses gares du chemin de fer de l'Est pour les points de provenance de la houille sur le chemin de fer du Nord seront transportées aux mêmes prix que la houille en destination de ces gares.

Voir pour ces prix, Tarif P. V. n° 8, pages 29 à 32.

DE FER DE L'EST ET DU NORD.

TRANSPORTS A PETITE VITESSE.

RÉPARTITION DES PRIX

du Tarif Commun Spécial P. V. n° 10.

DÉSIGNATION DES MARCHANDISES :

Pierres de taille brutes et légèrement ébauchées. — Pierres à macadam, Pavés,

Par wagon chargé d'au moins 5,000 kilogrammes, ou en payant pour ce poids, s'il y a avantage pour l'Expéditeur.

PRIX DE TRANSPORT

Par 1,000 kilogrammes, y compris les frais de gare, tant au départ et à l'arrivée qu'au point de jonction.

PARCOURS.	DISTANCES.		PRIX.	
	NORD.	EST.	NORD.	EST.
De la gare de **PARIS (La Chapelle)**............................ à la gare de **REIMS**, et *vice versâ*...............................	103	55	3 75	2 20

CHEMINS DE FER DE L'EST ET DU NORD.

TRANSPORTS A PETITE VITESSE.

RÉPARTITION DES PRIX

du Tarif Commun Spécial P. V. n° 11,

POUR LE

Transport des **PIERRES DE TAILLE** brutes ou légèrement ébauchées,

Par wagon chargé d'au moins 5,000 kilogrammes ou en payant pour ce poids, s'il y a avantage pour l'Expéditeur.

PRIX DE TRANSPORT

Par 1,000 kilogrammes, de gare en gare, y compris les frais de gare, tant au départ et à l'arrivée qu'au point de jonction.

STATIONS.	DISTANCES.	PRIX.
Part des Chemins de l'EST.		
SAINT-DIZIER	171	5 45
EURVILLE	185	5 75
CHEVILLON	194	6 05
LÉROUVILLE	229	7 10
COMMERCY	231	7 20
MAIZIÈRES	286	9 »
COURCELLES	312	9 80
Part du Chemin du NORD.		
AMIENS	188	6 05
BOULOGNE	286	9 75
ARRAS	167	5 40
DOUAI	141	4 70
VALENCIENNES	149	4 85
LILLE { de Lérouville	177	5 40
LILLE { de Commercy	177	5 30
LILLE { des autres points	177	5 70
ARMENTIÈRES	192	6 20
HAZEBROUCK	218	6 95
DUNKERQUE	259	8 15
SAINT-OMER	239	7 55
CALAIS	280	8 80

CHEMINS DE FER DE L'EST ET DU NORD.

TRANSPORTS A PETITE VITESSE.

RÉPARTITION DES PRIX

du Tarif Commun Spécial P. V. n° 12.

DÉSIGNATION DES MARCHANDISES :

1° Boues. — Briques. — Cendres. — Déchets de boucherie. — Déchets de tannerie. — Engrais de mer. — Fumier. — Guano. — Minerai de fer. — Plâtre. — Poudrette solide. — Pyrites. — Tuiles et Tuyaux de drainage,

Par wagon chargé d'au moins 5,000 kilog., ou en payant pour ce poids, s'il y a avantage pour l'Expéditeur.

PRIX PAR 1,000 KILOGRAMMES,

Y compris les frais de gare, tant au départ et à l'arrivée qu'au point de jonction.

PARCOURS.	DISTANCES.		PRIX.	
	NORD.	EST.	NORD.	EST.
De la gare de **PARIS (La Chapelle)**.................................... à la gare de **REIMS**, et *vice versâ*...	103	55	3 25	1 90

2° Poudrette ou Matières liquides renfermées dans des wagons-citernes fournis par les expéditeurs et contenant de 5 à 10 tonnes.

PARCOURS.	DISTANCES.		PRIX.	
	NORD.	EST.	NORD.	EST.
De la gare de **PARIS (La Chapelle)**.................................... à la gare de **REIMS**, et *vice versâ*...	103	55	2 70	1 65

CHEMINS DE FER DE L'EST ET DU NORD.

TRANSPORTS A PETITE VITESSE.

RÉPARTITION DES PRIX

du Tarif Commun Spécial P. V. n° 13.

DÉSIGNATION DES MARCHANDISES :

Alun en fûts. — Bois de teinture en bûches ou moulus. — Carbonate de potasse en fûts. — Carbonate de soude en fûts. — Chlorure de chaux en fûts. — Cristaux de soude. — Écorces à tan en bottes ou en sacs. — Frises en chêne ou en sapin. — Planches en lames ou frises pour parquets dont la longueur n'excède pas 6ᵐ 50. — Ocre en fûts. — Potasse. — Sel de potasse en fûts. — Sel de soude en fûts. — Soude en fûts. — Sulfate d'alumine en fûts. — Sulfate de potasse en fûts. — Sulfate d'ammoniaque en fûts. — Sulfate de fer en fûts. — Sulfate de soude en fûts et Tan.

Par wagon chargé d'au moins 5,000 kilog., ou en payant pour ce poids s'il y a avantage pour l'expéditeur.

PRIX PAR 1,000 KILOGRAMMES,

Y compris les frais de chargement, de déchargement et de gare, tant au départ et à l'arrivée qu'au point de jonction.

PARCOURS.	DISTANCES.		PRIX.	
	NORD.	EST.	NORD.	EST.
De la gare de **PARIS (La Chapelle)**.................................. à la gare de **REIMS** et *vice versâ*...................................	103	55	6 95	4 05

CHEMINS DE FER DE L'EST ET DU NORD.

TRANSPORTS A PETITE VITESSE.

RÉPARTITION DES PRIX
Du Tarif Commun Spécial P. V. n° 14.

DÉSIGNATION DES MARCHANDISES.

Première Série.

Bouclerie fine emballée.
Casserie en caisses ou en cages, Clous de zinc en paniers ou en tonneaux.
Fontes d'ornement en vrac et qui, par leurs dimensions, ne peuvent pas être mises en Caisses, telles que :

Colonnes ornées, Croix, Candélabres, Pièces de fontaines monumentales et Pompes montées.

Lits en fer et en fonte non décorés.
Modèles en bois ou en plâtre.
Ouvrages en fer battu.
Quincaillerie (grosse) en caisses ou en tonneaux, par expédition d'au moins 300 kilogrammes.
Serrures.
Taillerie en caisses.

Deuxième Série.

Acier brut, Agrès de marine, Alquifoux, Ancres de marine, Axes coudés ou droits.
Bandages de roues; Blanc de zinc, Bouclerie (grosse) emballée, Boulons, Bronze en lingots.
Câbles en fer, Cercles en fer, Chaînes en fer, Chevillettes, Clous en sacs et en tonneaux, Coins en fer, Cornières en fer, Crics, Cuivre brut en barres, en lingots et en planches, Cuivre du doublage.
Enclumes, Essieux montés ou non montés, Etain non ouvré, Etaux,
Fer-blanc en caisses ou en fer, Fer circulaire servant à la fabrication du fil de fer, Ferronnerie en caisses, en cages ou en paniers, Fers ébauchés au marteau, Fers en barres et en feuilles, Fils de cuivre, de fer, de laiton et de zinc, Fontes moulées et d'ornement, en caisses, cages ou paniers, Fontes moulées et d'ornement dont la désignation suit, expédiés en vrac :

Appareils chimiques, Balanciers de pompes, Barreaux de grilles, Boîtes de roues, Boîtes à graisse, Bornes et Bornes-fontaines, Bouches de four, Boules, Boulets, Caniveaux, Chaudières (grandes) non montées, Cloches de calorifères, Colonnes pleines sans ornements, Contre-poids, Corps de pompes, Foyers mobiles, Gargouilles pour trottoirs, Mortiers, Moyeux, Pièces de ponts, Pots ronds pour produits chimiques, Pièces de machines (telles que : Volants, Poulies, Baies et Roues d'engrenage de plus de 0m50 de diamètre), Plaques de foyers, Poids d'horloges et à peser, de deux kilogrammes et au-dessus, Tuyères de forges, Vases et Coupes ordinaires pour jardins, de 5 kilog. pièce et au-dessus.

Laiton en barres, en feuilles et en saumons, Lames de scies (grosses), Leviers.
Plomb brut, laminé et en tuyaux, Pièces de charrues, Pointes en tonneaux ou en caisses, Poêlerie en bancs.
Régules d'antimoine, Ressorts de voitures et de wagons, Rivets, Roues de wagons en fer et en fonte.
Tôles, Tubes en cuivre, en fer et en fonte, Tuyaux en cuivre, en fonte, en plomb, en tôle et en zinc.
Vis à bois en tonneaux,
Zinc en feuilles, en plaques et en saumons.

Troisième Série.

Fers bruts, puddlés ou en massiaux, Ferraille, Fer riblon, Fontes brutes en gueuses, massiaux, sapots ou saumons, Fonte vieille hors de service.
Minerais de cuivre, d'étain et de plomb, Mitraille de fer et de fonte.
Pièces brisées en retour.

PRIX PAR 1,000 KILOGRAMMES,

Y compris les frais de chargement, de déchargement et de gare, tant au départ et à l'arrivée qu'au point de jonction.

PARCOURS.	DISTANCES.		PRIX.					
	NORD.	EST.	1re SÉRIE.		2e SÉRIE.		3e SÉRIE.	
			NORD.	EST.	NORD.	EST.	NORD.	EST.
De la gare de **PARIS** (La Chapelle) à la gare de **REIMS**, *et vice versâ.*	105	55	8 70	4 95	6 65	3 85	4 55	2 75

CHEMINS DE FER DE L'EST ET DU NORD.

TRANSPORTS A PETITE VITESSE.

RÉPARTITION DES PRIX

du Tarif Commun P. V. n° 15.

DÉSIGNATION DES MARCHANDISES :

Première Série.

Bouclerie emballée.
Casseries en caisses ou en cages, Clous de zinc en paniers ou en tonneaux.
Fontes d'ornement en vrac et qui, par leurs dimensions, ne peuvent pas être mises en caisses, telles que :

Colonnes ornées, Croix, Candélabres, Pièces de fontaines monumentales et Pompes montées.

Lits en fers et en fonte non décorés.
Modèles en bois ou en plâtre.
Ouvrages en fer battu.
Quincaillerie (grosse) en caisses ou en tonneaux, par expédition d'au moins 300 kilog. ou en payant pour ce poids.
Serrures.
Taillanderie en caisses. Tôle.

Deuxième Série.

Accessoires de la voie, Acier brut, Agrès de marine, Alquifoux, Ancres de marine, Axes coudés ou droits.
Bandages de roues, Blanc de zinc, Boulons, Bronze en lingots.
Câbles en fer, Cercles en fer, Chaînes en fer, Chevillettes en barils, Clous en tonneaux et en sacs, Coins en fer, Cornières en fer, Coussinets pour rails, Crics, Cuivre brut en barres, en lingots et en planches, Cuivre de doublage.
Eclisses de rails, Enclumes, Essieux montés ou non montés, Etain non ouvré, Etaux.
Fer-blanc en caisses ou en cages, Fer circulaire servant à la fabrication du fil de fer, Ferraille, Fer riblon. Ferronnerie en caisses, en cages ou en paniers, Fers bruts puddlés ou en massiaux, Fers ébauchés au marteau, Fers en barres et en feuilles, Fils de cuivre, de fer, de laiton et de zinc, Fontes brutes en gueuses, massiaux, sapots ou saumons, Fontes moulées et d'ornement, en caisses, cages ou paniers, Fontes moulées et d'ornement dont la désignation suit, expédiés en vrac :

Appareils chimiques, Balanciers de pompes, Barreaux de grilles, Boîtes de roues, Boîtes à graisse, Bornes et Bornes-fontaines, Bouches de four, Boules, Boulets, Caniveaux, Chaudières (grandes) non montées, Cloches de calorifères, Colonnes pleines sans ornements, Contre-poids, Corps de pompes, Foyers mobiles, Gargouilles pour trottoirs, Mortiers, Moyeux, Pièces de ponts, Pots, ronds pour produits chimiques, Pièces de machines (telles que : Volants, Poulies, Bates et Roues d'engrenage de plus de 0.50 de diamètre), Plaques de foyers, Poids d'horloges et à peser, de deux kilogrammes et au-dessus, Tuyères de forges, Vases et Coupes ordinaires pour jardins, de 5 kilog. pièce et au-dessus.

Fontes vieilles hors de service.
Laiton en saumons, en barres et en feuilles, Lames de scies (grosses), Leviers.
Minerais de cuivre, d'étain, de fer et de plomb, Mitraille de fer et de fonte.
Plomb brut, laminé et en tuyaux, Pièces de charrues, Pointes en tonneaux ou en caisses, Poêlerie en bances.
Rails, Régule d'antimoine, Ressorts de voitures et de wagons, Rivets, Roues de wagons en fer et en fonte.
Tôle en cadres ou en caisses, Tôles en vrac par wagon chargé d'au moins 5,000 kilog. ou en payant pour ce poids, Tubes en cuivre, en fer et en fonte, Tuyaux en cuivre, en fonte, en plomb, en tôle et en zinc.
Vis à bois en tonneaux.
Zinc en feuilles, en plaques et en saumons.

Troisième Série.

Accessoires de la voie, par wagon chargé d'au moins 5,000 kilog. ou en payant pour ce poids.
Chevillettes en barils, par wagon chargé d'au moins 5,000 kilog. ou en payant pour ce poids.
Coussinets pour rails, par wagon chargé d'au moins 5,000 kilog. ou en payant pour ce poids.
Eclisses pour rails, par wagon chargé d'au moins 5,000 kilog. ou en payant pour ce poids.
Minerais de cuivre, d'étain et de plomb, par wagon chargé d'au moins 5,000 kilog. ou en payant pour ce poids.
Projectiles
Rails, par wagon chargé d'au moins 5,000 kilog. ou en payant pour ce poids.

Quatrième Série.

Fers bruts, puddlés ou en massiaux, par wagon chargé d'au moins 5,000 kilog. ou en payant pour ce poids, Ferraille par wagon chargé d'au moins 5,000 kilog. ou en payant pour ce poids, Fer riblon, par wagon chargé d'au moins 5,000 kilog. ou en payant pour ce poids, Fontes brutes en gueuses, massiaux, sapots ou saumons, par wagon chargé d'au moins 5,000 kilog. ou en payant pour ce poids, Fonte vieille hors de service, par wagon chargé d'au moins 5,000 kilog. ou en payant pour ce poids.
Minerai de fer, par wagon chargé d'au moins 5,000 kilog. ou en payant pour ce poids, Mitraille de fer et de fonte, par wagon chargé d'au moins 5,000 kilog. ou en payant pour ce poids.
Pièces brisées en retour.

1° Transports par **PARIS**.

STATIONS DE PROVENANCE OU DE DESTINATION.	DISTANCES.	1re SÉRIE.	2e SÉRIE.	3e SÉRIE.	4e SÉRIE.
Part du Chemin du NORD.					
Chauny	122	11 01	8 21	7 01	4 76
Compiègne	82	8 21	6 51	5 51	4 01
Creil	49	4 91	4 41	5 61	5 01
Senlis	52	5 21	4 61	5 81	5 51
Beauvais	86	8 61	6 71	5 51	5 01
Noyon	106	10 61	7 61	6 41	5 01
Clermont	64	8 01	6 51	4 06	3 46
Breteuil	91				
Amiens	129	9 56	6 91	4 76	3 81
Abbeville	173	13 36	9 16	7 16	6 96
Saint-Valéry	193				
Douai	216	21 11	10 96	10 01	8 26
Arras	190	16 01	10 21	8 36	6 51
Albert	154	13 21	8 61	7 06	5 51
Lille	249	25 41	12 91	10 01	9 01
Mouscron	265	24 61	13 06	10 01	9 01
Armentières	264				
Béthune	229	22 »	12 91	10 01	8 46
Hazebrouck	263	24 71	12 91	10 01	9 01
Dunkerque	304				
Saint-Omer	283				
Calais?	325				
Boulogne	252	19 26	11 46	8 46	7 16
Part du Chemin de CEINTURE.					
De ou pour tous les points	5	» 54	» 54	» 54	» 54
Part des chemins de l'EST.					
Bologne	270	22 50	12 90	11 70	9 »
Colmar	551	43 40	22 15	22 15	16 85
Bollwiller	506	41 40	21 15	21 15	16 10
Thann	509	41 60	21 25	21 25	16 15
Wesserling	521	42 60	21 75	21 75	16 55
Mulhouse	490	40 10	20 50	20 50	15 60
Bâle	523	42 75	21 80	21 80	16 50
Vendeuvre	198	16 75	10 80	8 80	6 85
Bar-sur-Aube	220	18 50	11 90	9 70	7 50
Clairvaux	233	19 55	12 55	10 20	7 90
Gray	352	29 05	15 »	15 »	11 45
Belfort	442	36 25	18 60	18 60	14 15

2° Transports par LAON.

STATIONS DE PROVENANCE OU DE DESTINATION.	DISTANCES.	1re SÉRIE.		2e SÉRIE.		3e SÉRIE.		4e SÉRIE.	
Part du Chemin du NORD.									
La Fère.........................	23	3	40	3	»	2	70	2	40
Tergnier.........................	29								
Chauny.........................	35	4	»	3	50	2	80	2	50
Compiègne.........................	75	7	60	6	20	5	15	4	85
Creil.........................	108	10	80	7	80	6	40	5	05
Senlis.........................	130	12	20	8	50	7	»	5	70
Beauvais.........................	145	14	50	9	70	7	90	6	55
Saint-Quentin et Noyon.........................	51	7	40	4	60	3	80	3	50
Cambrai.........................	104	10	40	7	50	6	30	4	60
Landrecies.........................	99								
Aulnoye (1).........................	114								
Haumont (1).........................	122								
Gare des usines (1).........................	123								
Maubeuge (1).........................	126	12	60	8	70	7	»	4	65
Quévy (1).........................	132								
Jeumont (1).........................	136								
Erquelines (1).........................	138								
Clermont.........................	123								
Breteuil.........................	153	10	90	7	90	6	50	5	50
Amiens.........................	188								
Abbeville (2).........................	232	15	80	10	70	8	70	8	25
Saint-Valéry (2).........................	252								
Somain.........................	129	12	90	8	90	7	»	5	10
Douai.........................	144								
Arras.........................	167	14	30	9	60	7	50	6	»
Albert.........................	203								
Valenciennes.........................	149								
Blanc-Miseron.........................	161	14	90	9	90	8	»	5	40
Quiévrain.........................	163								
Lille.........................	177	17	70	11	10	9	»	7	»
Mouscron.........................	193								
Béthune.........................	188	19	»	11	70	9	50	7	50
Armentières.........................	192								
Hazebrouck (3).........................	218								
Dunkerque (3).........................	259								
Saint-Omer (3).........................	230	21	70	13	»	10	»	8	45
Calais (3).........................	280								
Boulogne (3).........................	311								

EXCEPTIONS.

	DISTANCES.	1re SÉRIE.		2e SÉRIE.		3e SÉRIE.		4e SÉRIE.	
(1) Pour les expéditions entre Aulnoye, Haumont, gare des usines, Maubeuge, Quévy, Jeumont, Erquelines et Mézières-Charleville.	»	»	»	8	20	»	»	»	»
(2) Pour les expéditions entre Abbeville, St-Valéry et St-Dizier...	»	»	»	»	»	»	»	7	45
(3) Pour les expéditions entre les stations de Hazebrouck, Dunkerque, Saint-Omer, Calais, Boulogne et les stations suivantes :									
Saint-Dizier.................	»	»	»	»	»	»	»	7	45
Eurville.................	»	»	»	»	»	»	»	8	25

Part des Chemins de l'EST.

STATIONS DE PROVENANCE OU DE DESTINATION.	DISTANCES.	1re SÉRIE.		2e SÉRIE.		3e SÉRIE.		4e SÉRIE.	
Reims	55	5	45	4	40	2	80	2	50
Rethel	89	8	70	6	70	4	25	3	35
Boulzicourt	129	12	30	8	20	5	85	4	55
Mohon	135	12	70	8	20	6	10	4	75
Mézières-Charleville	138	12	70	8	20	6	20	4	85
Nouzon	145	12	70	8	20	6	50	5	05
Braux	153	12	95	8	55	6	80	5	30
Monthermé	155	13	10	8	45	6	90	5	35
Deville	159	13	40	8	65	7	05	5	45
Revin	171	14	40	9	25	7	55	5	85
Fumay	178	14	95	9	60	7	80	6	05
Vireux	191	16	»	10	25	8	35	6	45
Givet	201	16	80	10	75	8	75	6	75
N.-avion-sur-Meuse	113	12	70	8	20	6	40	5	»
Donchéry	149	12	70	8	20	6	65	5	15
Sedan	153	12	95	8	55	6	80	5	30
Bazeilles	160	13	50	8	70	7	10	5	50
Douzy	163	13	75	8	85	7	20	5	60
Pourru-Brévilly	167	14	05	9	05	7	40	5	70
Carignan	176	14	80	9	50	7	75	6	»
Margut	184	15	40	9	90	8	05	6	20
Lamouilly	190	15	90	10	20	8	30	6	40
Chauvency	197	16	45	10	55	8	60	6	60
Montmédy	202	16	85	10	80	8	80	6	75
Vézin	214	17	80	11	40	9	25	7	10
Longuyon	225	18	55	11	85	9	60	7	40
Cons-la-Granville	251	19	40	12	40	10	05	7	70
Longwy	259	19	80	12	65	10	25	7	85
Pierrepont	232	19	25	12	30	10	»	7	65
Joppécourt	241	20	»	12	70	10	35	7	95
Audun-le-Roman	248	20	55	12	70	10	60	8	15
Fontoy	256	21	20	12	70	10	95	8	40
Hayange	264	21	80	12	70	11	25	8	60
Thionville	272	22	45	12	70	11	60	8	85
Châlons-sur-Marne	106	10	25	7	05	4	95	3	90
Saint-Dizier	168	14	15	9	10	7	40	5	75
Eurville	179	15	»	9	65	7	85	6	05
Chevillon	187	15	65	10	05	8	20	6	30
Joinville	198	16	55	10	60	8	60	6	65
Donjeux	207	17	25	11	05	9	»	6	90
Vignory	219	18	20	11	65	9	45	7	25

STATIONS DE PROVENANCE OU DE DESTINATION.	DISTANCES.	1re SÉRIE.		2e SÉRIE.		3e SÉRIE.		4e SÉRIE.	
Bologne	227	18	85	12	05	9	80	7	50
Sermaize	165	13	00	8	95	7	30	5	65
Révigny	172	14	45	9	30	7	60	5	85
Mussey	179	15	»	9	65	7	85	6	05
Bar-le-Duc	187	15	65	10	05	8	20	6	30
Nançois-le-Petit	199	16	60	10	65	8	65	6	65
Commercy	228	18	95	12	10	9	80	7	55
Vaucouleurs-Pagny	242	20	05	12	70	10	40	7	95
Toul	255	20	95	12	70	10	80	8	30
Liverdun	271	22	40	12	70	11	35	8	85
Fronard	278	22	95	12	70	11	80	9	05
Pont-à-Mousson	296	21	40	12	70	12	55	9	60
Novéant	311	25	60	13	15	13	15	10	05
Ars-sur-Moselle	305	25	10	12	90	12	90	9	85
Metz	303	24	95	12	80	12	80	9	80
Hagondange	281	23	20	12	70	11	95	9	15
Ebange	272	22	45	12	70	11	60	8	85
Front. (Guil.-Luxemb.)	288	23	75	12	70	12	20	9	35
Hombourg	337	20	25	15	»	15	»	11	40
Styring-Wendel	372	30	45	15	60	15	60	11	85
Nancy	287	25	65	12	70	12	20	9	30
Xertigny	379	31	»	15	85	15	85	12	05
Bains	385	31	35	16	»	16	»	12	20
Sarrebourg	365	29	90	15	30	15	30	11	65
Saverne	392	32	05	16	40	16	40	12	45
Haguenau	448	36	55	18	60	18	60	14	15
Wissembourg	481	39	20	19	95	19	95	15	15
Strasbourg	436	35	60	18	15	18	15	13	80
Schlestadt	478	38	95	19	80	19	80	15	05
Colmar	501	40	80	20	75	20	75	15	75
Bollwiller	485	39	50	20	10	20	10	15	25
Thann	488	39	75	20	20	20	20	15	35
Wesserling	501	40	80	20	75	20	75	15	75
Mulhouse	460	38	20	19	45	19	45	14	75
Bâle	502	40	85	20	80	20	80	15	75
Vendeuvre	298	24	55	12	70	12	60	9	65
Bar-sur-Aube	277	22	85	12	70	11	80	9	»
Clairvaux	264	21	80	12	70	11	25	8	60
Gray	331	27	20	13	95	13	95	10	65
Belfort	421	34	40	17	55	17	55	13	35

CHEMINS DE FER DE L'EST ET DU NORD.

TRANSPORTS A PETITE VITESSE

RÉPARTITION DES PRIX

du Tarif Commun Spécial P. V. n° 16

POUR LE TRANSPORT

DES CARREAUX DE MEULES

Par wagon chargé d'au moins 5,000 kilogrammes, ou en payant pour ce poids, s'il y a avantage pour l'Expéditeur.

Prix par 1,000 kilogrammes, de gare en gare,

Y compris les frais de gare, tant au départ et à l'arrivée qu'au point de jonction.

	DISTANCES.	PRIX.
Part des Chemins de l'EST.		
LA FERTÉ-SOUS-JOUARRE...	64	3 16
Part du Chemin de CEINTURE.		
De ou pour tous les Points...	3	» 24
Part du Chemin du NORD.		
LILLE...	250	
DUNKERQUE...	332	
CALAIS...	353	7 20
SAINT-VALÉRY...	193	
BOULOGNE...	252	

CHEMINS DE FER DE L'EST ET DU NORD.

TRANSPORTS A PETITE VITESSE

RÉPARTITION DES PRIX

Du Tarif Commun Spécial P. V. n° 17.

DÉSIGNATION DES MARCHANDISES

Ardoises pour toiture. — Argile. — Asphalte. — Baryte. — Betteraves. — Bitumes solides. — Blanc d'Espagne, de Meudon et de Troyes. — Bois à brûler. — Bois de charpente. — Bondes. — Bourrées. — Cadres pour emballages, démontés ou vides. — Cailloux. — Caisses démontées ou vides. — Calcaire asphaltique en moellons. — Carreaux en terre cuite. — Castine.— Cercles en bois. — Chaux en sacs ou en tonneaux. — Chevrons. — Ciment. — Clappes. — Coins en bois. — Cotrets. — Craie. — Cuviers en bois. — Dalles de granit. — Dalles de pierres. — Déchets de cornes ou d'os. — Déchets de cuir. — Déchets de peaux. — Douelles. — Douves. — Echalas. — Ecorces à brûler. — Escarbilles. — Fagots. — Feuilles pour engrais. — Foin. — Foudres démontés ou vides. — Fourrages secs. — Fourrages verts. — Fûts vides. — Glace (eau congelée). — Goudron. — Granit. — Gravier. — Groisil. — Kaolin. — Lattes. — Madriers. — Manganèse. — Marne. — Matériaux pour la construction et l'entretien des routes. — Mâts. — Merrains. — Meulières. — Moellons. — Mottes à brûler. — Noir animal en sacs. — Os bruts en sacs. — Os concassés en sacs. — Os en poudre. — Osier. — Pailles non dénommées. — Perches. — Phosphate de chaux pour engrais. — Pierres à chaux. — Pipes (fûts) démontées ou vides. — Planches en bois. — Pommes de terre. — Poteaux en bois. — Poussier de charbon. — Poutres en bois. — Poutrelles en bois. — Pouzzolane. — Pulpes de betteraves. — Quartz. — Racines à brûler. — Résidus de betteraves. — Rognures de cuir. — Rondins. — Sable. — Sabots de bétail. — Sarments. — Sciure de bois. — Scories ou résidus d'usines métallurgiques. — Solives. — Souches à brûler. — Spath fluor. — Sulfate de baryte. — Terre à pipe. — Terre à poterie. — Terre de bruyère. — Terre réfractaire. — Terre végétale. — Tonneaux démontés ou vides. — Tourbe. — Tourteaux. — Traverses pour chemins de fer. — Treillages en bois. — Verres cassés. — Vieilles chaussures. — Voliges.

Par wagon chargé d'au moins 5,000 kilogrammes ou payant pour ce poids, s'il y a avantage pour l'expéditeur.

PRIX DE TRANSPORT PAR 1,000 KILOG , DE GARE EN GARE,

Y compris les frais de gare, tant au départ et à l'arrivée qu'au point de jonction.

PARCOURS.	DISTANCES.		PRIX.	
	NORD.	EST.	NORD.	EST.
De la gare de **PARIS (La Chapelle)** à la gare de **REIMS**, *et vice versâ.*	103	55	5 20	5 10

CHEMINS DE FER DE L'EST ET DU NORD.

RÉPARTITION DES PRIX
Du Tarif Commun Spécial P. V. n° 18

POUR LE

TRANSPORT DES ARDOISES

PAR WAGON CHARGÉ D'AU MOINS 5,000 KILOGRAMMES, OU EN PAYANT POUR CE POIDS
S'IL Y A AVANTAGE POUR L'EXPÉDITEUR.

PRIX PAR 1,000 KILOGRAMMES, DE GARE EN GARE,

Y compris les frais de gare, tant au départ et à l'arrivée qu'aux points de jonction.

Part du Chemin du NORD.

PARCOURS.	DISTANCES	PRIX.
PAR SOISSONS.		
Villers-Cotterets	27	1 50
Crépy-en-Valois	44	2 15
Dammartin-Juilly	71	3 25
Saint-Denis	108	4 70
Enghien	113	4 90
Pontoise	130	5 60
Anvers	135	5 80
Pierrefite	112	4 90
Villiers-le-Bel	116	5 05
Louvres	125	5 40
PAR LAON.		
Tergnier	29	1 55
Saint-Quentin	51	2 45
Busigny	78	3 50
Cambrai	101	4 55
Le Château	87	3 90
Maubeuge	126	5 45
Erquelines	138	5 90
Chauny	35	1 80
Noyon	51	2 45
Ribecourt	61	2 85
Compiègne	75	3 40
Verberie	87	3 90
Pont-Sainte-Maxence	96	4 25
Creil	108	4 70
Mouy-Bury	124	5 35

PARCOURS.	DISTANCES	PRIX.
Beauvais	143	6 20
Beaumont	129	5 55
Ile-Adam	136	5 85
Chantilly	117	5 10
Senlis	155	6 60
Luzarches	129	5 55
Clermont	125	5 50
Saint-Just	137	5 90
Breteuil	153	6 50
Amiens	188	7 90
Hangest	209	8 »
Abbeville	232	8 »
Saint-Valery	252	8 »
Boulogne	314	8 »
Corbie	197	8 »
Albert	203	8 »
Achiet	184	7 75
Arras	167	7 10
Béthune	188	7 90
Douai	144	6 15
Somain	129	5 55
Valenciennes	149	6 35
Lille	177	7 50
Mouscron	193	8 »
Hazebrouck	218	8 »
Dunkerque	259	8 »
Saint-Omer	259	8 »
Calais	280	8 »

Part des Chemins de l'EST.

PAR SOISSONS.	DISTANCES	PRIX.	PAR LAON.	DISTANCES	PRIX.
Mézières-Charleville	143	6 10	Mézières-Charleville	138	5 90
Deville	164	6 40	Deville	159	6 40
Fumay	183	6 40	Fumay	178	6 40
Vireux	196	6 40	Vireux	191	6 40
Sedan	158	6 40	Sedan	153	6 40

CHEMINS DE FER DE L'EST ET DU NORD.

TRANSPORTS A PETITE VITESSE.

RÉPARTITION DES PRIX

du Tarif Commun Spécial P. V. n° 19

POUR LE TRANSPORT

DES MACHINES ET DES MÉCANIQUES EN CAISSES

Par wagon chargé d'au moins 5,000 kilogrammes, ou payant pour ce poids s'il y a avantage pour l'Expéditeur.

Prix par 1,000 kilogrammes, de gare en gare,

Y compris les frais de chargement, de déchargement et de gare, tant au départ et à l'arrivée qu'au point de jonction.

STATIONS.	DISTANCES.	PRIX.	
Part des Chemins de l'EST.			
BOLLWILLER	491	45	15
THANN	491	45	40
BITSCHWILLER-THANN	497	45	70
Part du Chemin du NORD.			
LILLE	177	16	90
ROUBAIX	185	17	60
TOURCOING	188	17	85

CHEMINS DE FER DE L'EST ET DU NORD.

TRANSPORTS A PETITE VITESSE.

RÉPARTITION DES PRIX

du Tarif Commun Spécial P. V. nᵒ 20

POUR LE TRANSPORT DES COTONS BRUTS EN BALLES.

PRIX PAR 1,000 KILOGR., DE GARE EN GARE.

Y compris les frais de chargement, de déchargement et de gare, tant au départ
et à l'arrivée qu'aux points de jonction.

1ᵒ Par PARIS.

DES STATIONS CI-CONTRE AUX STATIONS CI-APRÈS.	SAINT-VALERY. Dist.	Prix.	Délais.	BOULOGNE. Dist.	Prix.	Délais.	DUNKERQUE. Dist.	Prix.	Délais.	CALAIS. Dist.	Prix.	Délais.
Part du Chemin du NORD.												
Mesgrigny	193	19 26	5	252	20 11	5	552	20 11	5	555	20 11	5
Troyes	193	19 26	3	252	20 11	3	552	20 11	3	555	20 11	3
Jussey	193	19 26	3	252	20 11	3	»	»	»	»	»	»
Vesoul	193	19 26	5	252	20 11	5	»	»	»	»	»	»
Lure	193	19 26	5	252	20 11	5	»	»	»	»	»	»
Bas-Évette	193	19 26	5	252	20 11	5	»	»	»	»	»	»
Belfort	193	19 26	5	252	20 11	5	»	»	»	»	»	»
Altkirch	193	19 26	5	252	20 11	5	»	»	»	»	»	»
Mulhouse	193	19 26	5	252	20 11	5	»	»	»	»	»	»
Wesserling	193	19 26	5	252	20 11	5	»	»	»	»	»	»
Thann	193	19 26	5	252	20 11	3	»	»	»	»	»	»
Cernay	193	19 26	5	252	20 11	3	»	»	»	»	»	»
Bollwiller	193	19 26	5	252	20 11	3	»	»	»	»	»	»
Rouffach	193	19 26	5	252	19 41	5	»	»	»	»	»	»
Colmar	193	18 16	5	252	18 16	5	»	»	»	»	»	»
Bennwihr-Mittelwihr	193	17 61	5	252	17 61	5	»	»	»	»	»	»
Ribeauvillé	193	16 91	5	252	16 91	5	»	»	»	»	»	»
Part du Chemin de CEINTURE.												
Quelles que soient les stations de départ ou de destination	3	» 54	1	3	» 54	1	3	» 54	1	3	» 54	1
Part des Chemins de l'EST.												
Mesgrigny	110	14 45	5	110	14 45	5	»	»	»	»	»	»
Troyes	165	16 85	3	165	16 85	3	»	»	»	»	»	»
Jussey	346	34 »	5	346	34 »	5	»	»	»	»	»	»
Vesoul	380	37 25	5	380	37 25	5	»	»	»	»	»	»
Lure	410	40 10	5	410	40 10	5	»	»	»	»	»	»
Bas-Évette	435	42 50	6	435	42 50	6	»	»	»	»	»	»
Belfort	442	43 15	6	442	43 15	6	»	»	»	»	»	»
Altkirch	473	46 10	6	473	46 10	6	»	»	»	»	»	»
Mulhouse	490	47 70	6	490	47 70	6	»	»	»	»	»	»
Wesserling	521	50 20	7	521	50 20	7	»	»	»	»	»	»
Thann	509	49 50	7	509	49 50	7	»	»	»	»	»	»
Cernay	503	48 95	7	503	48 95	7	»	»	»	»	»	»
Bollwiller	506	49 20	6	506	49 20	6	»	»	»	»	»	»
Rouffach	518	50 35	6	518	50 35	6	»	»	»	»	»	»
Colmar	551	51 60	6	551	51 60	6	»	»	»	»	»	»
Bennwihr-Mittelwihr	537	52 15	6	537	52 15	6	»	»	»	»	»	»
Ribeauvillé	544	52 85	6	544	52 85	6	»	»	»	»	»	»

Part du Chemin du NORD.

DES STATIONS CI-CONTRE AUX STATIONS CI-APRÈS.	SAINT-VALERY.				BOULOGNE.				DUNKERQUE.				CALAIS.			
	Dist.	PRIX.		Délais.	Dist.	PRIX.		Délais.	Dist.	PRIX.		Délais.	Dist.	PRIX.		Délais.
Sermaize, Bar-le-Duc, Metz, Thionville, Nancy, Epinal, Lunéville, Haguenau, Benfeld, Schlestadt.	252	16	65	3	314	22	»	5	259	22	»	5	281	22	»	5
Ribeauvillé	»	»	»	»	»	»	»	»	259	22	»	5	281	22	»	5
Bennwihr-Mittelwihr	»	»	»	»	»	»	»	»	259	21	45	5	281	21	45	5
Colmar	»	»	»	»	»	»	»	»	259	20	75	5	281	20	75	5
Rouffach	»	»	»	»	»	»	»	»	259	21	15	5	281	21	15	5
Bollwiller	»	»	»	»	»	»	»	»	259	21	85	5	281	21	85	5
Cernay	»	»	»	»	»	»	»	»	259	21	90	5	281	21	90	5
Thann	»	»	»	»	»	»	»	»	259	21	85	5	281	21	85	5
Wesserling	»	»	»	»	»	»	»	»	259	21	85	5	281	21	85	5
Mulhouse	»	»	»	»	»	»	»	»	259	21	75	5	281	21	75	5
Altkirch	»	»	»	»	»	»	»	»	259	21	80	5	281	21	80	5
Belfort	»	»	»	»	»	»	»	»	259	21	85	5	281	21	85	5
Bas-Evette	»	»	»	»	»	»	»	»	259	21	90	5	281	21	90	5
Lure, Vesoul	»	»	»	»	»	»	»	»	259	21	75	5	281	21	75	5
Jussey	»	»	»	»	»	»	»	»	259	21	85	5	281	21	85	5

Part des Chemins de l'EST.

DES STATIONS CI-CONTRE AUX STATIONS CI-APRÈS.	SAINT-VALERY.				BOULOGNE.				DUNKERQUE.				CALAIS.			
	Dist.	PRIX.		Délais.	Dist.	PRIX.		Délais.	Dist.	PRIX.		Délais.	Dist.	PRIX.		Délais.
Sermaize	165	17	60	4	165	17	60	4	165	17	60	4	165	17	60	4
Bar-le-Duc	187	19	80	4	187	19	80	4	187	19	80	4	187	19	80	4
Metz	303	32	80	6	303	32	80	6	303	32	80	6	303	32	80	6
Thionville	272	35	55	7	272	35	55	7	272	35	55	7	272	35	55	7
Nancy	287	29	20	6	287	29	20	6	287	29	20	6	287	29	20	6
Epinal	360	36	15	6	360	36	15	6	360	36	15	6	360	36	15	6
Lunéville	319	32	25	6	319	32	25	6	319	32	25	6	319	32	25	6
Haguenau	448	44	50	7	448	44	50	7	448	44	50	7	448	44	50	7
Benfeld	462	45	80	7	462	45	80	7	462	45	80	7	462	45	80	7
Schlestadt	478	47	55	7	478	47	55	7	478	47	55	7	478	47	55	7
Ribeauvillé	»	»	»	»	»	»	»	»	488	48	50	7	488	48	50	7
Bennwihr-Mittelwihr	»	»	»	»	»	»	»	»	494	48	85	7	494	48	85	7
Colmar	»	»	»	»	»	»	»	»	501	49	55	7	501	49	55	7
Rouffach	»	»	»	»	»	»	»	»	497	49	15	7	497	49	15	7
Bollwiller	»	»	»	»	»	»	»	»	485	48	»	7	485	48	»	7
Cernay	»	»	»	»	»	»	»	»	485	47	70	8	485	47	70	8
Thann	»	»	»	»	»	»	»	»	488	48	50	8	488	48	50	8
Wesserling	»	»	»	»	»	»	»	»	501	49	»	8	501	49	»	8
Mulhouse	»	»	»	»	»	»	»	»	469	46	60	7	469	46	60	7
Altkirch	»	»	»	»	»	»	»	»	455	44	95	7	455	44	95	7
Belfort	»	»	»	»	»	»	»	»	421	41	95	7	421	41	95	7
Bas-Evette	»	»	»	»	»	»	»	»	414	41	25	7	414	41	25	7
Lure	»	»	»	»	»	»	»	»	389	39	»	6	389	39	»	6
Vesoul	»	»	»	»	»	»	»	»	359	36	15	6	359	36	15	6
Jussey	»	»	»	»	»	»	»	»	325	32	80	6	325	32	80	6

CHEMINS DE FER DE L'EST ET DU NORD.

TRANSPORTS A PETITE VITESSE.

RÉPARTITION DES PRIX

du Tarif Commun d'Exportation P. V. n° 21

POUR LE

TRANSPORT DES EAUX MINÉRALES

EN CAISSES OU EN PANIERS, PAR EXPÉDITION D'AU MOINS 500 KILOGRAMMES
OU EN PAYANT POUR CE POIDS.

PRIX PAR 1,000 KILOGRAMMES, DE GARE EN GARE,

*Y compris les frais de chargement, de déchargement et de gare tant au départ et à l'arrivée
qu'au point de jonction.*

PARCOURS.	DISTANCES.	PRIX.
Part des Chemins de l'EST.		
De STRASBOURG à LAON	436	18 15
Part du Chemin du NORD.		
SAINT-VALERY	252	10 80
BOULOGNE	311	15 15
DUNKERQUE	250	11 05
CALAIS	280	11 90

CHEMINS DE FER DE L'EST ET DU NORD.

TRANSPORTS A PETITE VITESSE.

RÉPARTITION DES PRIX
Du Tarif Commun Spécial P. V. n° 22.

DÉSIGNATION DES MARCHANDISES:

Bombonnes, Bouteilles, Caisses, Fûts, Paniers ou Sacs vides, Toiles d'emballage ayant servi à un transport en retour, Touries vides.

PRIX DE TRANSPORT:

1° Paniers vides, Sacs vides et Toiles d'emballage.

Les paniers vides, sacs vides et toiles d'emballage ayant servi à des expéditions effectuées par les Compagnies ne seront soumis au retour qu'à la perception par expédition des droits d'enregistrement et de timbre; soit 0 fr. 60 si ces emballages sont accompagnés d'une lettre de voiture ou d'une facture de transport au timbre de 0 fr. 50; soit 0 fr. 30 si ces emballages font seulement l'objet d'un récépissé au timbre de 0 fr. 20.

2° Bombonnes, Bouteilles, Touries et autres Emballages vides ayant servi au transport des Eaux minérales, des Acides minéraux et autres Produits chimiques. — Caisses vides ayant servi à un transport entre Paris (La Chapelle) et Reims.

PRIX DE TRANSPORT PAR 1,000 KILOG., DE GARE EN GARE,
Y compris les frais de chargement, de déchargement et de gare, tant au départ et à l'arrivée qu'aux points de jonction.

PARCOURS.	DISTANCES.		PRIX.	
	NORD.	EST.	NORD.	EST.
De la gare de **PARIS (La Chapelle)** à la gare de **REIMS**, et vice versâ.	105	55	5 60	5 50

3° Fûts vides ayant servi à des expéditions entre Paris (La Chapelle) et Reims et retournés à vide à raison de 50 centimes par hectolitre de contenance.

PARCOURS.	DISTANCES.		PRIX.	
	NORD.	EST.	NORD.	EST.
De la gare de **PARIS (La Chapelle)** à la gare de **REIMS**, et vice versâ.	105	55	» 35	» 17

CHEMINS DE FER DE L'EST ET DU NORD.

TRANSPORTS A PETITE VITESSE.

RÉPARTITION DES PRIX

du Tarif Commun Spécial P. V. n° 23.

DÉSIGNATION DES MARCHANDISES

ANIMAUX, INSTRUMENTS ET PRODUITS

ENVOYÉS AUX CONCOURS AGRICOLES.

PRIX DE TRANSPORT

1° Animaux.

DE LA GARE DE **PARIS** (**La Chapelle**) A LA GARE DE **REIMS** et *vice versâ*.	NORD.		EST.	
	DIST.	PRIX.	DIST.	PRIX.
Bœufs, Vaches, Taureaux, Anes, Mulets et autres bêtes de trait, par tête..........	103	5 15	55	2 75
Veaux et Porcs, par tête..	103	2 05	55	1 10
Moutons, Brebis, Agneaux et Chèvres, par tête....................	103	» 51	55	» 28
Animaux par wagon complet......................................	103	25 75	55	15 75

Les frais de chargement à de déchargement à percevoir en sus des prix ci-dessus sont fixés comme suit :

Bœufs, Vaches, Taureaux, Anes, Mulets et autres bêtes de trait.......... 1 fr. » c. }
Veaux et Porcs .... » 40 } par tête.
Moutons , Brebis, Agneaux et Chèvres................................ » 20 }

Ces frais sont à partager par moitié entre chaque Compagnie.

2° Instruments et Produits.

Prix des Tarifs ordinaires réduits de moitié, sans que la taxe puisse être inférieure à 0 fr. 05 c. par tonne et par kilomètre, non compris les frais accessoires.

CHEMINS DE FER DE L'EST, DU NORD ET DE L'OUEST.

TRANSPORTS A PETITE VITESSE.

RÉPARTITION DES PRIX

du Tarif Commun d'Exportation P. V. n° 24

Pour le transport des VINS DE CHAMPAGNE en bouteilles.

PRIX DE TRANSPORT

Par 1,000 kilogrammes, de gare en gare, y compris les frais de chargement, de déchargement et de gare, tant au départ et à l'arrivée qu'aux points de jonction.

DE REIMS AUX GARES SUIVANTES.	EST.		NORD.		CEINTURE.		OUEST.	
	DIST	PRIX.	DIST.	PRIX.	DIST.	PRIX.	DIST.	PRIX.
ROUEN	55	7 55	103	12 95	6	1 08	134	10 02
HAVRE	55	7 55	103	12 95	6	1 08	226	15 02
FÉCAMP	55	7 55	103	12 95	6	1 08	220	15 02
DIEPPE	55	7 55	103	12 95	6	1 08	198	15 02
HONFLEUR	55	7 55	103	12 95	6	1 08	230	15 02

CHEMINS DE FER DE L'EST, DU NORD ET D'ORLÉANS.

TRANSPORTS A PETITE VITESSE.

RÉPARTITION DES PRIX

du Tarif Commun P. V. n° 25.

DÉSIGNATION DE LA MARCHANDISE :

VINS DE CHAMPAGNE par expédition de 1,500 bouteilles au moins, ou en payant pour ce nombre s'il y a avantage pour l'expéditeur.

PRIX DE TRANSPORT

Par 1,000 kilogrammes, de gare en gare, y compris les frais de chargement, de déchargement et de gare, tant au départ et à l'arrivée qu'aux points de jonction.

PARCOURS.	DISTANCES.	PRIX par 1,000 KILOG.
Part des Chemins de l'EST.		
BORDEAUX	52	5 55
ROCHEFORT	52	6 25
LA ROCHELLE	52	6 25
NANTES	52	6 25
SAINT-NAZAIRE	52	5 70
Part du Chemin du NORD.		
BORDEAUX	105	9 44
ROCHEFORT	105	10 74
LA ROCHELLE	105	10 74
NANTES	105	10 74
SAINT-NAZAIRE	105	9 69
Part du Chemin de CEINTURE.		
POUR TOUS LES POINTS	12	2 16
Part du Chemin d'ORLÉANS.		
BORDEAUX	577	47 85
ROCHEFORT	475	45 85
LA ROCHELLE	476	45 85
NANTES	425	40 85
SAINT-NAZAIRE	490	42 45

COMPAGNIES DES CHEMINS DE FER

DE PARIS A LYON ET A LA MÉDITERRANÉE, DE L'EST ET DU NORD.

TRANSPORTS A PETITE VITESSE.

RÉPARTITION DES PRIX

du Tarif Commun P. V. n° 26

POUR LE

Transport de la LAINE brute et de la LAINE lavée,

Par wagon chargé d'au moins 5,000 kilog., ou en payant pour ce poids s'il y a avantage pour l'Expéditeur.

PRIX DE TRANSPORT,

Par 1,000 kilogrammes, de gare en gare, y compris les frais de chargement, de déchargement et de gare, tant au départ et à l'arrivée qu'aux points de jonction.

PARCOURS.	DISTANCES.	PRIX.
Part des Chemins de PARIS à LYON et à la MÉDITERRANÉE.		
MARSEILLE..	611	49 85
CETTE..	617	50 30
AIX..	609	49 65
Part des Chemins de l'EST.		
De GRAY à LAON..	331	26 90
Part du Chemin du NORD.		
LANDRECIES...	99	8 85
LE CATEAU..	87	7 90
TOURCOING..	188	16 »